AF562553

A L'ASSEMBLÉE

chargée de donner une

CONSTITUTION

A LA

RÉPUBLIQUE FRANÇAISE DÉMOCRATIQUE,

UNE ET INDIVISIBLE.

OFFRANDE

DE QUELQUES IDÉES DÉMOCRATIQUES,

Par le Citoyen

Félix-Alexis SANSON,

MEMBRE DU CONSEIL-GÉNÉRAL DU DÉPARTEMENT DE LA MANCHE.

Il ne s'agit pas de conserver de prétendus droits acquis; il s'agit de réduire les dépenses de l'État à six cents millions par an.

SAINT-LO,

IMPRIMERIE D'ELIE FILS, RUE DES PRÈS.

1848.

OFFRANDE

DE

QUELQUES IDÉES DÉMOCRATIQUES.

Français, vous devriez être la plus corrompue des nations, non seulement au moral, mais au physique ; car depuis cinquante-cinq ans les administrations travaillent à détruire la moralité du peuple, et le rebut de l'espèce est chargé de la propagation.

Les combinaisons machiavéliques du gouvernement qui vient d'expirer, vous ont conduit à l'abîme en vous faisant perdre l'amour de la patrie. Pour empêcher la race humaine de périr dans de telles conjonctures, la Providence n'a employé, jusqu'ici, qu'un remède, la conquête par les barbares, la perte de la nationalité.

Il n'est qu'un moyen de nous soustraire à ce sort funeste, c'est de nous donner une constitution vraiment démocratique. Je vous en présente une ébauche ; si vous vous sentez le courage de l'essayer, je m'applaudirai de mon entreprise ; si vous la dédaignez, je ne pourrai m'imputer votre ruine.

PROJET DE CONSTITUTION.

Sous la protection de Dieu, le Peuple français déclare se constituer en République démocratique, une et indivisible.

Il entend par démocratie un état où tous les emplois, toutes les fonctions, toutes les magistratures sont amovibles et temporaires; où nulle dignité, nulle autorité n'est héréditaire.

Devant la loi, soit qu'elle rémunère, soit qu'elle réprime, tous les hommes sont égaux, toutes les femmes sont égales : la loi ne les différencie que pour leurs talents, leur dévoûment et leurs vertus.

L'Etat doit donner gratuitement, à tous les citoyens, l'instruction primaire; l'instruction secondaire à ceux que Dieu a doués d'une plus grande intelligence; enfin, le plus haut degré d'enseignement à ceux qu'une pénétration, une sagacité extraordinaire et surtout un jugement sain, mettent à même d'en profiter dans l'intérêt de la patrie.

Tous les parents, sous peine d'amende et de punition corporelle, s'il y a lieu, sont tenus d'envoyer leurs enfants aux écoles primaires, et ceux qui ont le moyen aux écoles secondaires. Les écoles privées sont défendues; parce que la République veut élever et ne nourrir que des citoyens.

Tous les citoyens doivent donner gratuitement à la patrie le service de leurs bras, de leurs talents, de leur science, de leurs conseils : de vingt à vingt-cinq ans, le service militaire; de vingt-cinq à quarante, le service administratif; de vingt-cinq à cinquante, le service judiciaire.

L'Etat fournit à ses défenseurs l'armement, la nourriture, le vêtement et le logement; à ses autres serviteurs, il doit un émolument suffisant pour subvenir à leurs besoins. En conséquence, il sera fait un tableau général de tous les salaires nécessaires aux divers fonctionnaires. Lorsqu'un citoyen promu à un emploi viendra jurer de remplir ses fonctions avec zèle et probité, sur la foi du même serment, il déclarera quelle est sa fortune personnelle, afin que la République complète l'émolument porté sur le tableau, ou que l'Etat soit exempté de toute contribution si la fortune du fonctionnaire égale le tarif. Le citoyen qui refusera l'emploi auquel il sera appelé sera traité comme le déserteur.

La liberté de conscience est absolue ; tous les cultes sont admis et leurs ministres sont rétribués par l'Etat, si leurs croyants sont au nombre de cent dans la circonscription desservie par un ministre. Les cérémonies religieuses doivent se faire dans l'intérieur des temples, excepté les enterrements, la procession saint Marc et celle des Rogations. Tous les insignes, tous les symboles des religions ne peuvent s'arborer que dans les temples ; tous ceux qui existent au-dehors seront supprimés.

La religion catholique est déclarée religion de l'Etat, en ce qu'elle est celle du plus grand nombre de citoyens et que ses ministres sont chargés des funérailles de tous les individus qui ne sont pas réclamés par un ministre particulier.

Les prêtres salariés par l'Etat ne peuvent demander d'émolument pour aucun de leurs actes ni prières : toutes leurs fonctions sont gratuites.

Les citoyens doivent respect aux cérémonies et aux ministres de tous les cultes.

Tout citoyen peut dire, écrire, imprimer et publier ce qu'il veut, pourvu qu'il ne porte atteinte à la fortune, à la réputation, à l'autorité de personne, ni des magistrats, ni des lois, ni des mœurs, ni de la religion. Les imprimeurs et les lithographes ne peuvent être recherchés, si l'auteur est bien famé, et s'il a une fortune capable de faire face aux condamnations de la justice.

La calomnie est défendue ; c'est un délit ou un crime, suivant les conséquences qu'elle peut avoir : elle est susceptible de condamnations en dommages et intérêts et en peines afflictives ou infamantes, telle que l'affiche du nom du coupable sur le poteau de l'infamie.

La diffamation est autorisée ; c'est la juste punition du vicieux. Si elle entraîne des conséquences utiles à la République, elle est un acte civique.

Toute association, toute réunion est permise, pourvu que, dans son motif et dans ses résultats, rien ne soit contraire aux bonnes mœurs ni ne trouble l'ordre public. Toute réunion de cent personnes doit être publique, afin que la police puisse la surveiller.

Le sol de la France est divisé en *districts* (1) dont la population ne peut être moindre de cent mille âmes. La

(1) Les préfectures sont supprimées comme un rouage inutile; les préfets seraient toujours les artisans des déceptions exercées par un mauvais Gouvernement, et les fauteurs des friponneries des gens de l'art dans l'exécution des travaux publics.

Cette suppression procurera une économie de quatre-vingt-six millions.

L'excessive centralisation ne convient qu'au despotisme, et encore est-elle souvent funeste au despote.

division par arrondissement est provisoirement conservée.

Chaque district est divisé en cinq cantons de vingt mille âmes, chaque canton en dix communes de deux mille habitants; chaque commune est divisée en parcelles dont l'étendue ne peut excéder dix hectares, ni être moindre d'un hectare; sinon, dans les villes, bourgs et villages où la division peut être portée jusqu'à un are. Chaque parcelle sera entourée soit d'un fossé plein d'eau, ayant quatre mètres de largeur et deux mètres de profondeur, soit d'une masse de terre de deux mètres d'élévation, large de trois mètres à sa base et de deux à sa crête qui sera généralement plantée d'arbustes et d'un arbre forestier de dix mètres en dix mètres, flanquée de chaque côté d'un fossé d'un mètre de largeur sur une profondeur égale, soit d'une haie vive d'arbustes épineux, soit d'une muraille. Les titres de propriété stipuleront à qui appartiennent les clôtures, et qui est chargé de leur entretien. L'état clôturé étant l'état normal des parcelles en France, nul n'a le droit de détruire une clôture.

Les législateurs se hâteront de faire une loi, et le Gouvernement de prendre un arrêté pour que tous les propriétaires et l'Etat exécutent les travaux nécessaires pour se conformer à cette disposition. Le Gouvernement peut employer, au besoin, les armées de la République et les ateliers des chemins de fer à diviser, par parcelles, les plaines, les marais, les landes, les grèves, les lais et relais de la mer, de sorte que dans dix ans la surface de la France offre l'aspect d'un bocage. L'immense quantité de bois de chauffage et de construction que ces clôtures produiront, suppléera au rapport de nos forêts détruites. (1)

Les chemins, les canaux, les rivières, les rivages de la mer font partie du domaine inaliénable de l'Etat.

Les landes, marais et autres biens communaux, divisés et enclos, comme il vient d'être dit, seront lotis, distribués ou vendus pour accroître le nombre des propriétaires et diminuer celui des prolétaires.

Aucun citoyen ne peut posséder plus de mille hectares de terre.

Le droit de propriété est inviolable : le Gouvernement ne peut y porter atteinte. Ainsi les chemins de fer seront détruits à l'expiration de leur concession. Ceux qui sont en construction sont suspendus ; nul ne sera entrepris à l'avenir.

La commune est administrée par un conseil-municipal, composé de vingt membres et d'un maire. Tous sont nommés au scrutin secret par les électeurs réunis en assemblée primaire. Sont électeurs, les hommes âgés de vingt ans, sachant lire, payant un franc de contribution,

(1) L'expérience a prouvé que les pays de bocage produisent plus que les plaines, parce que dans ces pays le propriétaire recueille seul la totalité des produits de la terre, et qu'il peut y pratiquer toutes les cultures qu'il veut.

Cette disposition du terrein a l'avantage de rendre inutile le service de la cavalerie ennemie en cas d'invasion, et partant, mettrait la France à même de retrancher trente mille hommes de sa cavalerie, ce qui ferait une économie de soixante millions par an.

Le partage des biens communaux serait immédiatement suivi de leur mise en culture, ce qui accroîtrait d'un sixième les produits du sol français.

qui ne sont pas domestiques ni militaires, et qui n'ont point été repris de justice et qui ne sont plus en état de faillite.

Le maire est chargé de convoquer, de présider le conseil, de rédiger ses délibérations, de les mettre à exécution, et de faire exécuter les lois dans sa commune. Il rédige les actes de l'état civil ; il est chargé de la police, l'instituteur est son greffier, le garde-champêtre sa force armée ; il a le droit de requérir la gendarmerie.

Les fonctions du maire et du conseil-municipal sont gratuites. Le greffier a un traitement de cent francs.

Tous les conseils-municipaux et leurs maires, réunis au chef-lieu de canton, composent un collége électoral, qui nomme le juge-de-paix, son greffier et deux assesseurs. Au bout de dix ans, ces fonctionnaires seront renouvelés ou prorogés. C'est ce collége qui choisit dans son sein vingt délégués, pour aller au chef-lieu de district composer le collége qui nomme les juges et le greffier du tribunal civil chargé de confirmer ou réformer les sentences des juges-de-paix. Il nomme également le membre de l'administration de district et le député au corps législatif. Les juges-de-paix nomment leurs deux huissiers. L'émolument du juge-de-paix est de deux mille francs, celui du greffier de mille francs; celui des huissiers de quinze cents francs. A ce moyen tous les actes, tout le travail de ces fonctionnaires sont gratuits.

Les tribunaux de district serviront de cour d'appel, les uns pour les autres. La partie appelante aura le choix sur trois tribunaux de district les plus voisins. Il n'y aura point de plaidoirie ; les affaires seront instruites sur simple mémoire. Les avoués sont supprimés ; l'avocat ou son clerc en feront les fonctions. Les arrêts interlocutoires sont défendus ; un arrêt unique décidera de la forme et du fond.

Une cour de cassation unique pour toute la France maintiendra l'unité de la jurisprudence et l'application stricte de la loi. Les juges qui auront éludé son application seront condamnés à l'amende et en dommages et intérêts envers la partie.

La cour de cassation sera composée de trente-six membres, divisés en quatre chambres : trois réviseront les affaires civiles, et une les affaires criminelles.

Chaque chambre nommera un président parmi ses membres, hormis la chambre chargée des affaires criminelles dont le président sera nommé par la chambre des députés ; et ainsi organisée, elle nommera son greffier et ses quatre huissiers. L'émolument de chaque juge sera de douze mille francs ; celui du greffier et de chaque huissier de six mille francs. Leurs fonctions seront gratuites.

Lorsqu'il sera nécessaire de demander la modification ou l'abrogation d'une loi, la cour se réunira en séance solennelle ; elle sera présidée par le président nommé par la chambre des députés.

Tous ces fonctionnaires sont nommés pour vingt ans ; tous sont révocables.

Les juges-de-paix et les juges des tribunaux civils de dix districts réunis au chef-lieu le plus central, composeront un collége électoral qui nommera un juge pour la cour de cassation.

Chaque tribunal de district sera cour d'assises pour les délits et les crimes commis dans sa circonscription. Chaque conseil-municipal choisira cinq habitants de la commune pour remplir les fonctions de juré, durant cinq ans. Ces jurés seront nommés au scrutin. Les noms de ces deux cent cinquante seront mis dans une urne, et le président du tribunal, en séance publique, en tirera vingt-quatre noms, pour composer le jury de chaque assise.

La peine de mort n'est conservée que pour les assassins, les empoisonneurs, les incendiaires. Un seul supplice sera employé, l'asphixie. Les prisons cellulaires sont supprimées.

L'émolument du président du tribunal de district est de cinq mille francs; celui des juges, de trois mille francs; celui du greffier, de cinq mille francs pour lui et ses commis; celui des trois huissiers, de deux mille francs pour chacun. A ce moyen les fonctions et les actes de ces fonctionnaires seront gratuits.

Chaque district aura une administration composée de cinq membres qui nommeront parmi eux un président. Chaque canton fournira un de ces administrateurs, que l'assemblée électorale aura nommé au scrutin : l'exercice de leurs fonctions est limité à dix ans; mais ils pourront être réélus indéfiniment.

Ces administrations seront chargées du répartement des contributions directes dans leur arrondissement. Elles jugeront les réclamations des contribuables contre la répartition. Elles jugeront les contestations élevées contre les agents des droits réunis ; elles jugeront les débats relatifs aux cours d'eau, à l'entretien et à la confection des chemins, ainsi que de tous les édifices publics. Tous les plans et devis seront soumis à leur examen ; les marchés et parfaits se passeront en leur présence et seront tenus d'avoir leur approbation. Elles ordonneront le logement des gens de guerre, et commanderont toutes les fournitures dont ils pourront avoir besoin.

Elles auront la surveillance des prisons, hôpitaux, pensionnats, communautés, séminaires, écoles, colléges, en un mot de tous les établissements publics existant dans leur circonscription.

L'appel de leurs décisions sera porté devant le conseil d'Etat, qui jugera en dernier ressort. Le président de ces administrations correspondra directement avec le gouvernement; en conséquence, il est personnellement responsable de l'exécution des lois, des arrêtés, décisions et ordres du gouvernement.

Le gouvernement se compose d'un président et de trois administrateurs.

Un de ces administrateurs a sous sa direction l'instruction publique, les cultes, la police et la justice.

L'autre administrateur a sous sa direction l'agriculture, le commerce, les travaux publics, les administrations et les finances. Enfin le troisième administrateur a sous sa direction la guerre, la marine et la politique.

Ces grands fonctionnaires composent le Conseil intime du président : cependant ils n'ont que voix consultative ; lui seul a le commandement et le droit de décider. Eux et le président doivent être âgés de quarante ans.

Le premier administrateur a sous ses ordres un ministre de l'instruction publique et des cultes, un ministre de la police, un ministre de la justice. Le deuxième administrateur surveille un ministre de l'agriculture, un ministre du commerce, un ministre des travaux publics, un ministre des administrations, un ministre des finances. Le troisième administrateur a sous sa direction un ministre de la politique, un ministre de la guerre, un ministre de la marine.

A tous ces fonctionnaires l'Etat fournira un logement meublé.

Le traitement du président sera d'un million ; celui de chaque administrateur, de cent mille francs ; celui de chaque ministre, de vingt-cinq mille francs ; celui des chefs-de-division, de dix mille francs ; celui-ci des chefs-de-bureau, de six mille francs ; celui des expéditionnaires, de trois mille francs.

Un Conseil-d'Etat, divisé en sept chambres, composées chacune de sept membres, sera chargé de juger en dernier ressort les affaires contentieuses de tous les ministères. Chaque chambre choisira dans son sein un président et un rapporteur. Chaque chambre aura un greffier qu'elle aura nommé à vie. Les conseillers seront nommés par le président de la République pour dix ans ; ils pourront être prorogés. Le traitement de ces conseillers sera de dix mille francs ; celui des greffiers, de six mille francs ; celui des expéditionnaires, de trois mille francs.

Enfin, une chambre législative modifie, abroge ou crée les lois. Elle est composée de soixante-dix membres, élus chacun par cinq districts. Ils sont élus pour dix ans. Leur traitement est de vingt-cinq mille francs. A cette chambre seule appartient le droit de voter l'impôt. C'est elle également qui nomme le président et les administrateurs de la République. La chambre législative nomme son président et organise ses bureaux comme elle l'entend. Le président et les bureaux ne sont nommés que pour un an. La session de la chambre ne peut être interrompue plus de vingt-quatre heures.

La personne des députés est inviolable. Ils ne peuvent être arrêtés qu'en flagrant délit ; ils doivent être relaxés dans les vingt-quatre heures. Ils ne peuvent être poursuivis pour dettes durant leur mission. Durant leur mission, ils ne peuvent accepter d'autre place que celle d'administrateur ou de président de la République. Durant leur mission, ils ne peuvent accepter ou occuper aucune place à la nomination du Gouvernement.

Le président de la République a un commissaire près de chaque administration de district et près de chaque tribunal, pour requérir l'exécution des lois, des arrêtés du Gouvernement, et interjeter appel à la cour de cassation ou au Conseil-d'Etat des décisions erronées de cette administration, ou l'annulation des jugements rendus contre l'esprit ou la lettre des lois.

Le président de la République est le père de la patrie ; seul il la représente ; sa personne est inviolable et sacrée. Il doit être âgé de quarante années au moins. Il ne peut exercer ses fonctions que durant cinq ans consécutifs ; il peut être réélu après dix ans d'intervalle. Ainsi que le corps législatif, il a l'initiative de présenter une loi à la discussion de la chambre législative ; il convertit en loi les résolutions de cette chambre par sa sanction. Il a six mois pour présenter ses observations : mais si la chambre n'y défère pas, il est obligé de sanctionner les résolutions. Seul, il est chargé de l'exécution des lois. A cet effet, il a un commissaire près de chaque administration, de chaque tribunal de district, de chaque chambre du Conseil-d'Etat, et près la cour de cassation. Les suppôts de la justice, les gardes-champêtres, la gendarmerie, toute la force armée sont à ses ordres.

Il est chargé de pourvoir à la sécurité, à la prospérité, à la défense de l'Etat. En conséquence, il choisit et révoque les ministres ; il en est de même des ambassadeurs, consuls et tous agents diplomatiques. Il nomme ou congédie tous les chefs militaires, depuis le colonel jusqu'au général-en-chef. Il nomme tous les commandants de place et les gouverneurs des colonies. Il nomme tous les chefs de la marine depuis le capitaine de corvette jusqu'à l'amiral. Il fixe le nombre des troupes de terre et de mer ; la chambre est obligée d'en ordonner la levée. Il négocie les traités de paix et d'alliance, fait les déclarations de guerre ; mais il doit les faire approuver par la chambre législative. Il a droit de faire grace et de commuer la peine, quand des considérations politiques le déterminent.

En cas de maladie du président, le plus âgé des administrateurs le remplace. En cas de mort, la chambre des députés en nomme un autre, sans désemparer, si elle est en séance; si elle n'y est pas, elle se réunit de suite et nomme sans désemparer.

Le président de la République ne peut quitter le territoire de la France.

La terre de France est le sol de la liberté, l'esclave qui le touche est affranchi.

La personne et l'asile du citoyen sont inviolables pendant la nuit; pour y pénétrer de jour, les officiers de la justice doivent être accompagnés du maire ou d'un adjoint; pour saisir la personne, ils doivent être porteurs d'un mandat du juge.

Nul ne peut être détenu plus d'un jour, sans être interrogé et informé de la cause de sa détention.

Nul ne peut en cautionner un autre.

Nul ne peut aliéner sa liberté. Les personnes des deux sexes peuvent engager leurs services à prix d'argent et temporairement. Dans ce cas, le maître doit à son domestique le logement et la nourriture en quantité et en qualité convenables. En cas de maladie il lui doit les soins, les médicaments et les secours du médecin pour le guérir. Lorsqu'un domestique a passé vingt-cinq ans consécutifs dans une famille, il fait partie de cette famille et elle doit le garder et le soigner le reste de sa vie; ce cas excepté, le maître peut congédier son domestique quand il lui déplaît, en lui payant le temps qu'il l'a servi; le domestique, au contraire, doit remplir l'engagement qu'il a contracté avec le maître, sous peine de dommages.

Le domestique doit respect à son maître et obéissance en tout ce qui n'est pas contraire aux lois et aux bonnes mœurs.

Tous les Français sont nés soldats ; tous font partie de la garde nationale depuis l'âge de dix-huit ans à cinquante ; tous doivent savoir le maniement des armes.

L'armée de la République française se compose de six cent mille hommes d'infanterie et de vingt mille hommes d'artillerie, la moitié de ces troupes est sous les drapeaux et forme l'armée active ; l'autre moitié reste dans ses foyers, où cependant elle est exercée tous les dimanches aux évolutions militaires et au maniement des armes ; elle constitue la réserve. L'armée active a encore une cavalerie de vingt mille hommes sous les armes et une réserve de dix mille hommes sous le nom de gendarmerie.

Il est défendu au Gouvernement d'employer des troupes étrangères sur le sol de la France. En cas de nécessité, le président de la République pourra lever une armée de cent mille hommes parmi les vétérans dont il nommera lui-même tous les officiers.

La République payera une pension alimentaire à tous les hommes blessés à son service et qui seront destitués de fortune : cependant l'hôtel des invalides sera maintenu pour servir d'asile à ceux qui n'ont point de famille et qui préféreront cette retraite.

L'armée française, infanterie, artillerie, cavalerie, est divisée en régiments, composés chacun de cinq bataillons ou escadrons ; chaque bataillon formé de dix compagnies de cent hommes, chaque escadron formé de cinq compagnies de cinquante hommes.

Chaque année un bataillon et un escadron de chaque régiment sera licencié et remplacé par un autre composé de conscrits. Les simples soldats ou cavaliers seront libérés au jour dit; les officiers, sous-officiers, tambours et trompettes resteront encore six mois sous les drapeaux pour instruire les nouveaux venus. Ceux-ci, après avoir reçu six mois de leçon, seront réunis sous la présidence du chef-de-bataillon ou d'escadron pour nommer leurs officiers et sous-officiers. Chaque compagnie procédera seule au choix de ses chefs et au scrutin. Au premier tour de scrutin, la majorité absolue sera nécessaire; au second tour, la majorité relative suffira.

Les conscrits nommeront d'abord leur capitaine, ensuite le lieutenant et puis le sous-lieutenant, après le sergent-major ou maréchal-des-logis-chef, après les quatre sergents ou maréchaux-des-logis, après les huit caporaux ou brigadiers, et enfin le caporal-fourrier.

Ces officiers et sous-officiers élus seront de suite reconnus, entreront en fonctions et remplaceront leurs prédécesseurs libérés.

Le président de la République nomme les colonels, les généraux de tous grades : le ministre de la guerre nomme les majors, les chefs-de-bataillon ou d'escadron, les quartiers-maîtres et les adjudants-majors; le chef-de-bataillon ou d'escadron nommera l'adjudant sous-officier.

Par ces considérations et d'autres non moins puissantes, les hommes seuls sont aptes à posséder des immeubles ; les femmes en sont incapables. Leur dot consistera seulement en meubles et une pension alimentaire que leur père, ou son héritier, leur paiera par quart et par avance. Cette part égalera la moitié de celle revenant à un frère, sans jamais pouvoir excéder la valeur de mille hectolitres de froment. Le jour du mariage de la femme, son mari sera seul chargé de pourvoir à ses besoins ; la rente dotale cessera. A la mort du mari, si sa succession est incapable de pourvoir aux besoins de la veuve, l'héritier de son père, ou le père lui-même, recommencera de lui payer sa rente dotale. A cet effet, l'hypothèque sur les biens du père sera maintenue jusqu'au décès de la fille.

A la mort du père de famille, le magistrat nommera un tuteur à la fille ; à la mort du mari, il nommera un tuteur à la veuve. Les femmes ne pourront ester en justice sans être accompagnées de leur père, mari ou tuteur. L'entrée des cours d'assises et les audiences de police correctionnelle leur sont interdites, lorsqu'elles ne sont point appelées par la justice ; leur témoignage n'est reçu que comme renseignement.

Les filles ne pourront être mariées avant l'âge de seize ans, et les garçons avant l'âge de vingt-cinq ans, sans une permission du président de la République.

Tous les établissements de bienfaisance et de charité seront maintenus et accrus par la République, autant que ses moyens le permettront et que les besoins s'en feront sentir. Toutes les fois qu'il sera possible, elle donnera des secours à domicile.

Chaque année, la République française transportera cent mille âmes, moitié garçons, moitié filles, pour établir une colonie en Algérie; le trésor public consacrera cent millions par an à cette bonne œuvre.

Au chef-lieu de chaque canton, il y aura une place publique formant un parallélogramme, contenant dix hectares, destinée aux réunions de la population. Au haut de cette place, du côté du levant, sera élevée une colonne dont le fût aura dix mètres de hauteur. Elle portera le nom de colonne de gratitude et de gloire. Le nom des citoyens qui ont bien servi l'État, qui sont nés dans le canton, y sera peint; les noms de ceux qui ont rendu des services éminents à la patrie ou qui ont fait preuve d'un grand dévoûment y seront gravés. A l'autre extrémité du champ, du côté du couchant, sera élevée une autre colonne de moindre dimension, qui portera le nom de poteau d'infamie. Le nom des malfaiteurs et des calomniateurs nés dans le canton y sera peint; le nom des traîtres à la patrie y sera gravé.

Le premier jour de l'été, tous les citoyens se réuniront au chef-lieu de leur canton. Le président leur fera lecture des noms de tous les hommes qui, par leurs découvertes, leurs travaux et leur dévoûment, se sont rendus les bienfaiteurs de l'humanité et surtout de la France; il en fera l'éloge. Ce jour se nommera la fête de la reconnaissance.

Dans le premier mois de son installation, le président de la République nommera une commission chargée d'établir les démarcations des districts, suivant les prescriptions de la constitution. Il choisira également une commission de jurisconsultes, pour réformer et faire concorder les dispositions du code civil avec les prescriptions de la présente constitution.

Tant que les Romains attachèrent un grand prix aux quelques arpents de terre que la Républiqne leur distribuait, pour prix de leur valeur dans les combats, tant que ces champs cultivés par leur mains furent l'objet de leur pensée et de leur affection, Rome porta dans son sein le destin des conquêtes. Aussitôt que la victoire eut fait parcourir les trois parties du monde aux Romains, quelques hommes à jugement faux, admirèrent l'indolence et le luxe des Asiatiques; ils transportèrent à Rome leurs tableaux et leurs statues, pour décorer leurs triomphes. Alors le bon génie de Rome l'abandonna, le guerrier eut honte de cultiver son champ, il le donna à cultiver à des mercenaires; il dédaigna même de le défendre, il chercha des stipendiés pour prendre ce soin.

Ceux-ci ne tardèrent pas à apprécier leurs maîtres, à avoir l'idée de les chasser et de prendre leur place. Les Goths envahirent les Espagnes, les Lombards l'Italie, les Francs la Germanie et les Gaules ; dix lustres ne s'étaient pas écoulés que la République et l'empire romain n'étaient plus qu'un nom dans l'histoire.

Les gouvernements qui viennent de se succéder en France ont fait parcourir à la population toutes les phases de la démoralisation, en moins de cinquante années. Pour compléter leur attentat, ils ont fabriqué des chemins de fer, afin de métamorphoser nos paysans en cosmopolites !

Dans un si grand péril, si l'Assemblée constituante, égarée par les intrigants qui l'agitent, n'apporte qu'un palliatif à tant de maux, la prophétie de Napoléon se réalisera dans cinq ans, la France sera cosaque.

www.ingramcontent.com/pod-product-compliance
Lightning Source LLC
LaVergne TN
LVHW010249230826
846091LV00007B/2867